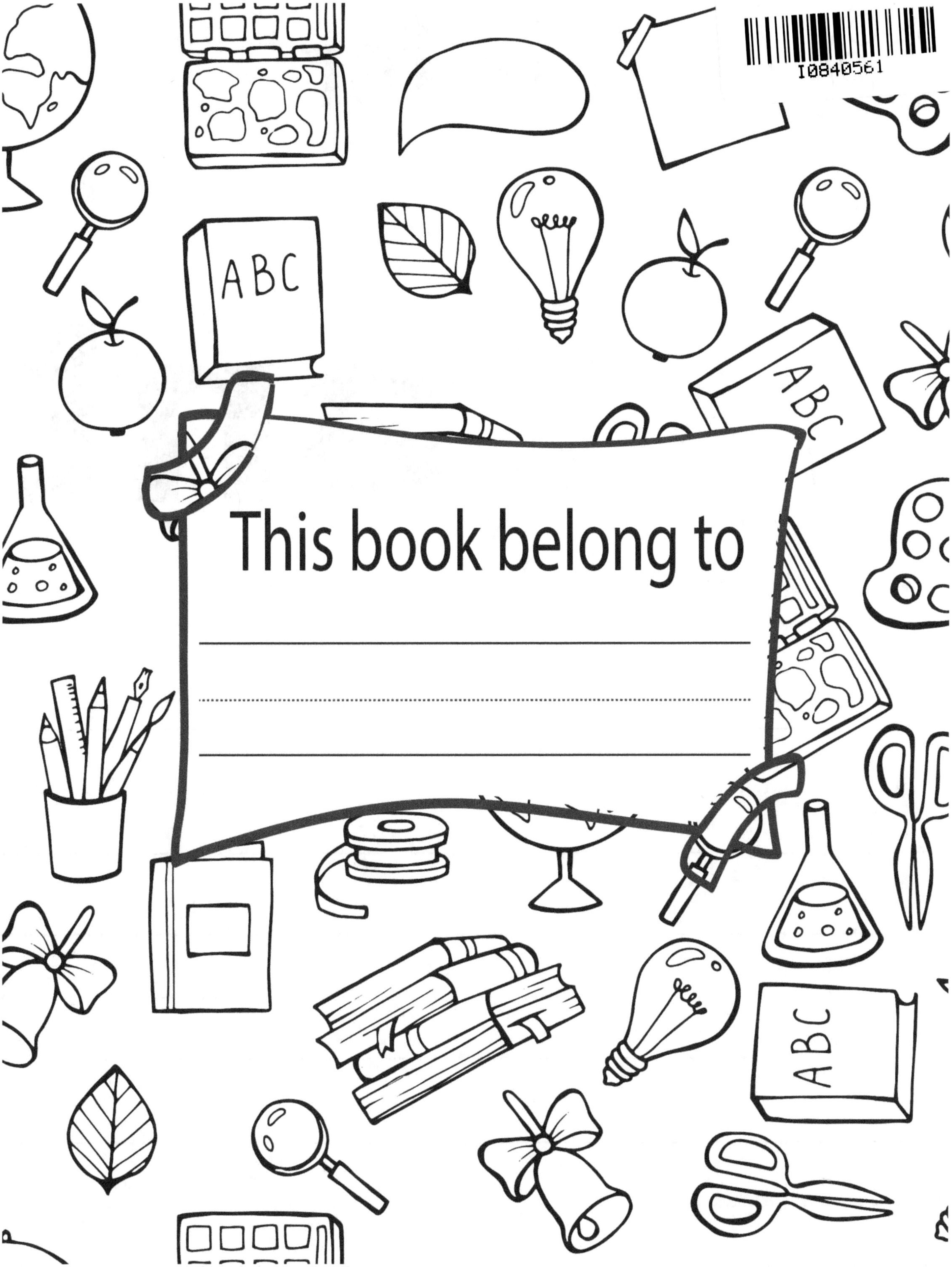

I0840561
This book belong to
ABC
ABC
ABC

A is for

ant

A A A A A

a a a a a

ant ant ant

1 2 3

A A A A A

A A A A A

A A A A A

A

a a a a a

a a a a a

a a a a a

a

ant ant ant

ant ant ant

ant ant ant

ant

B is for

bird

B B B B B

b b b b b

bird bird

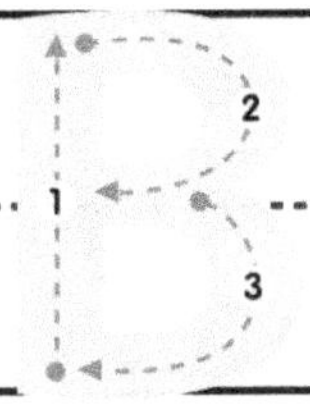

B B B B

B B B B B

B B B B B

B

1 b b b b b

b b b b b

b b b b b

b

bird bird

bird bird

bird bird

bird

C is for

cat

C C C C C

c c c c c c c

cat cat cat

1 C C C C C

C C C C C

C C C C C

C

c c c c c c c

c c c c c c c

c c c c c c c

c

cat cat cat

cat cat cat

cat cat cat

cat

D is for

Dog

D D D D D

d d d d d

dog dog dog

D 1 2 D D D D

D D D D D

D D D D D

D

d d d d d

d d d d d

d d d d d

d

dog dog dog

dog dog dog

dog dog dog

dog

E is for

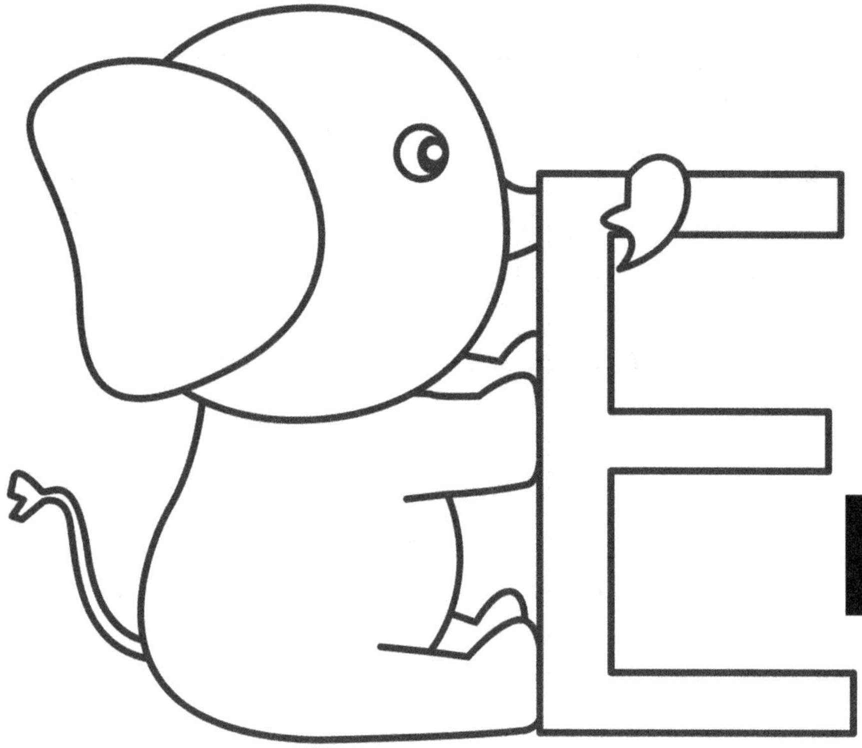

Elephant

E E E E E

e e e e e

elephant

1 2 3 4

E E E E E

E E E E E

E E E E E

E

e e e e e

e e e e e

e e e e e

e

elephant

elephant

elephant

F is for

Frog

F F F F F

f f f f f

frog frog

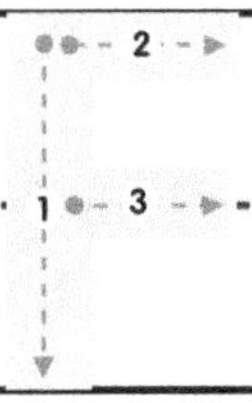

2
1
3

1 2

f f f f f

f f f f f

f f f f f

f

frog frog

frog frog

frog frog

G is for

Giraffe

G G G G G

g g g g g

giraffe giraffe

G 2 G G G G

G G G G G

G G G G G

G

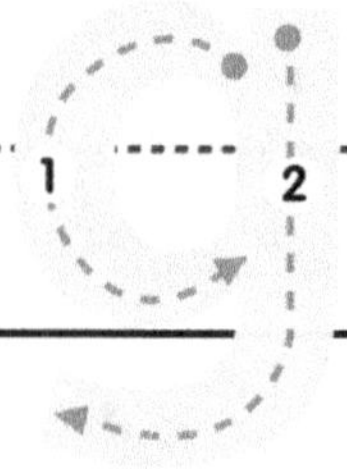

g g g g

g g g g g

g g g g g

g

giraffe giraffe

giraffe giraffe

giraffe giraffe

H is for

Hippo

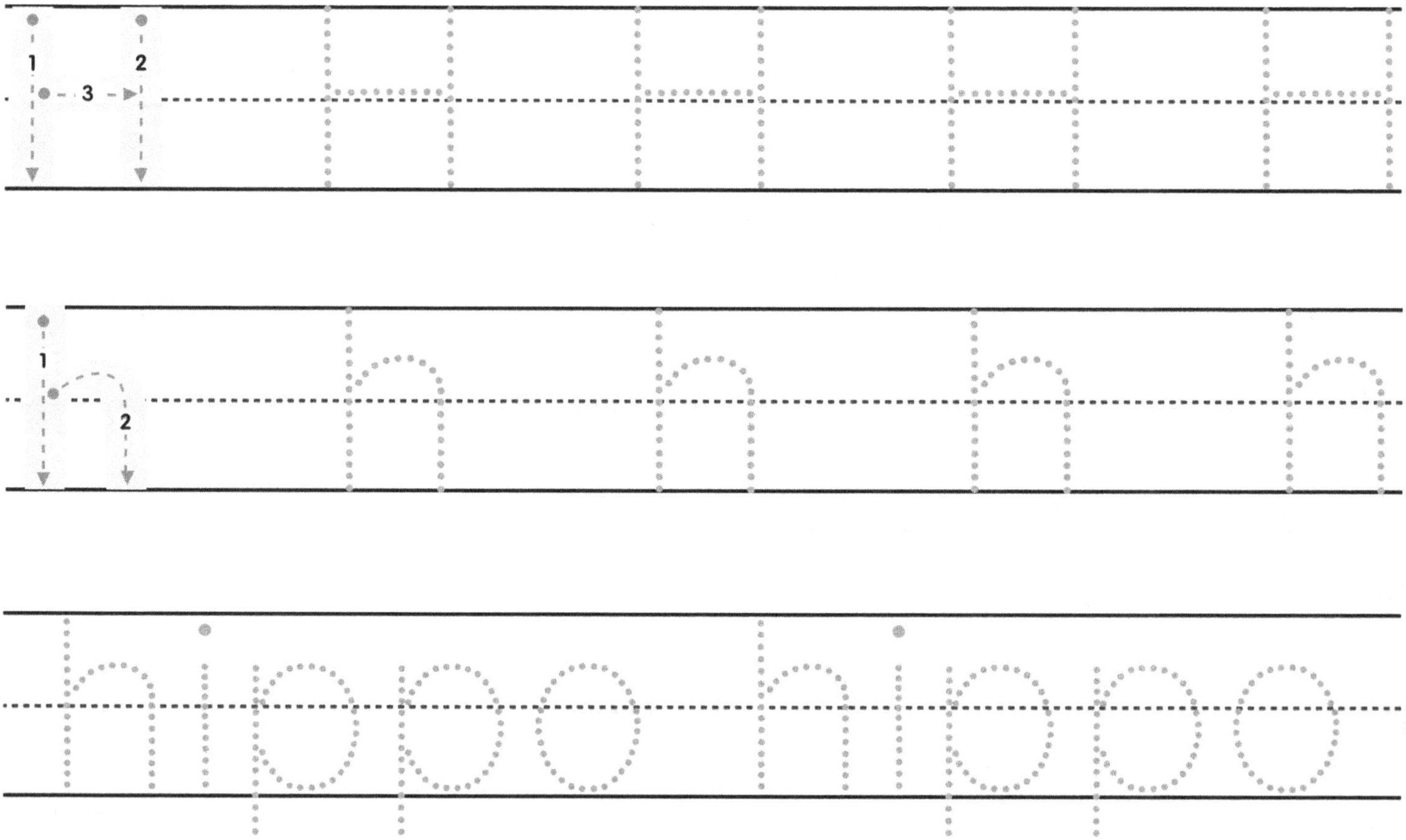

1 2 3

h h h h h

h h h h h

h h h h h

h

hippo hippo

hippo hippo

hippo hippo

I is for

Insect

2
1
3

1

insect insect

2
1
3

I I I I I

I I I I I

I I I I I

I

1

insect insect

insect insect

insect insect

J is for

Jnsect

j j j j j j

j j j j j j

jackal jackal

J J J J J J

J J J J J J

J J J J J J

J

1

j j j j j j

j j j j j j

j j j j j j

j

jackal jackal

jackal jackal

jackal jackal

K is for

Knsect

K K K K K

k k k k k

koala koala

K K K K K

K K K K K

K K K K K

K

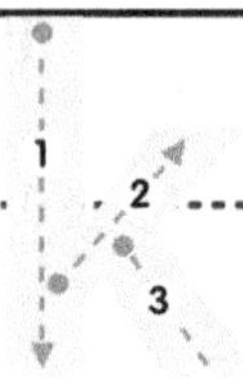

k k k k

k k k k k

k k k k k

k

koala koala

koala koala

koala koala

L is for

Lion

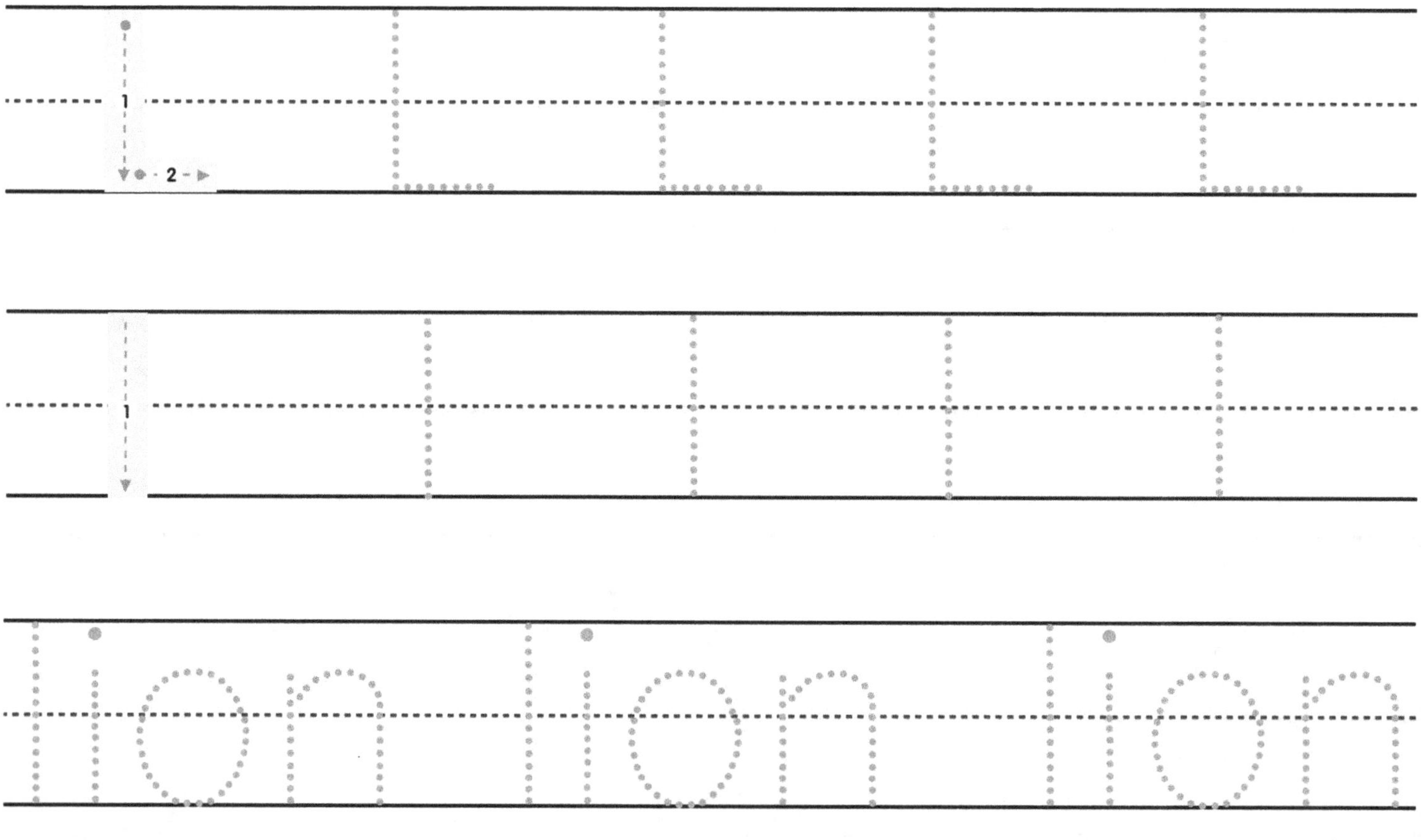

1 2 L L L L

L L L L L

L L L L L

L

1

lion lion lion

lion lion lion

lion lion lion

M is for

Monkey

M M M M

m m m m

monkey

M M M M

1 2 3 4

M M M M

M M M M

M

m 1 2 3 m m m

m m m m

m m m m

m

monkey

monkey

monkey

N is for

Newt

N N N N N
1 2 3

n n n n n
1 2

newt newt

N 1 2 3 N N N N

N N N N N

N N N N N

N

n 1 2 n n n n

n n n n n

n n n n n

n

newt newt
newt newt
newt newt

O is for

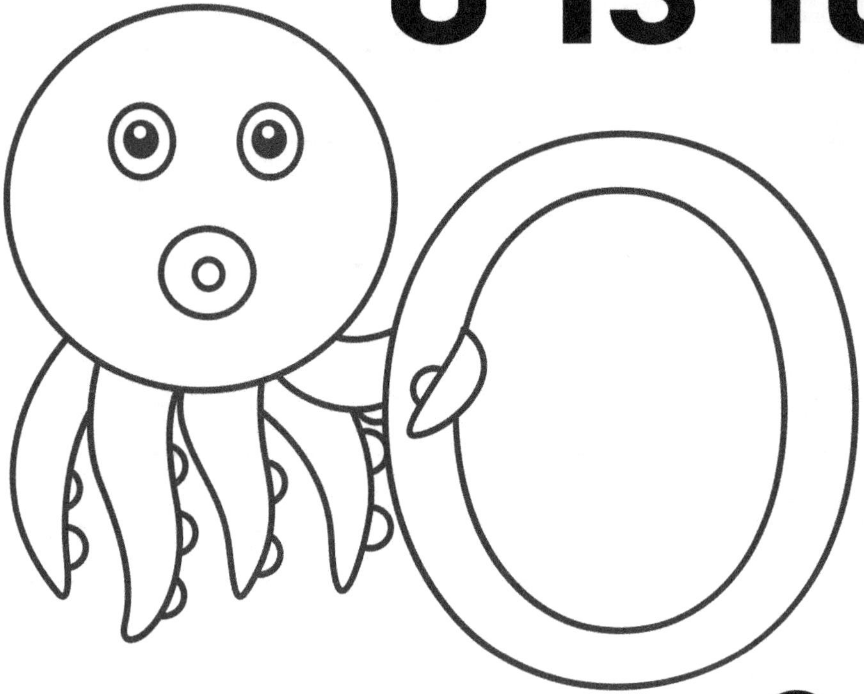

Octopus

O O O O O

o o o o o

octopus

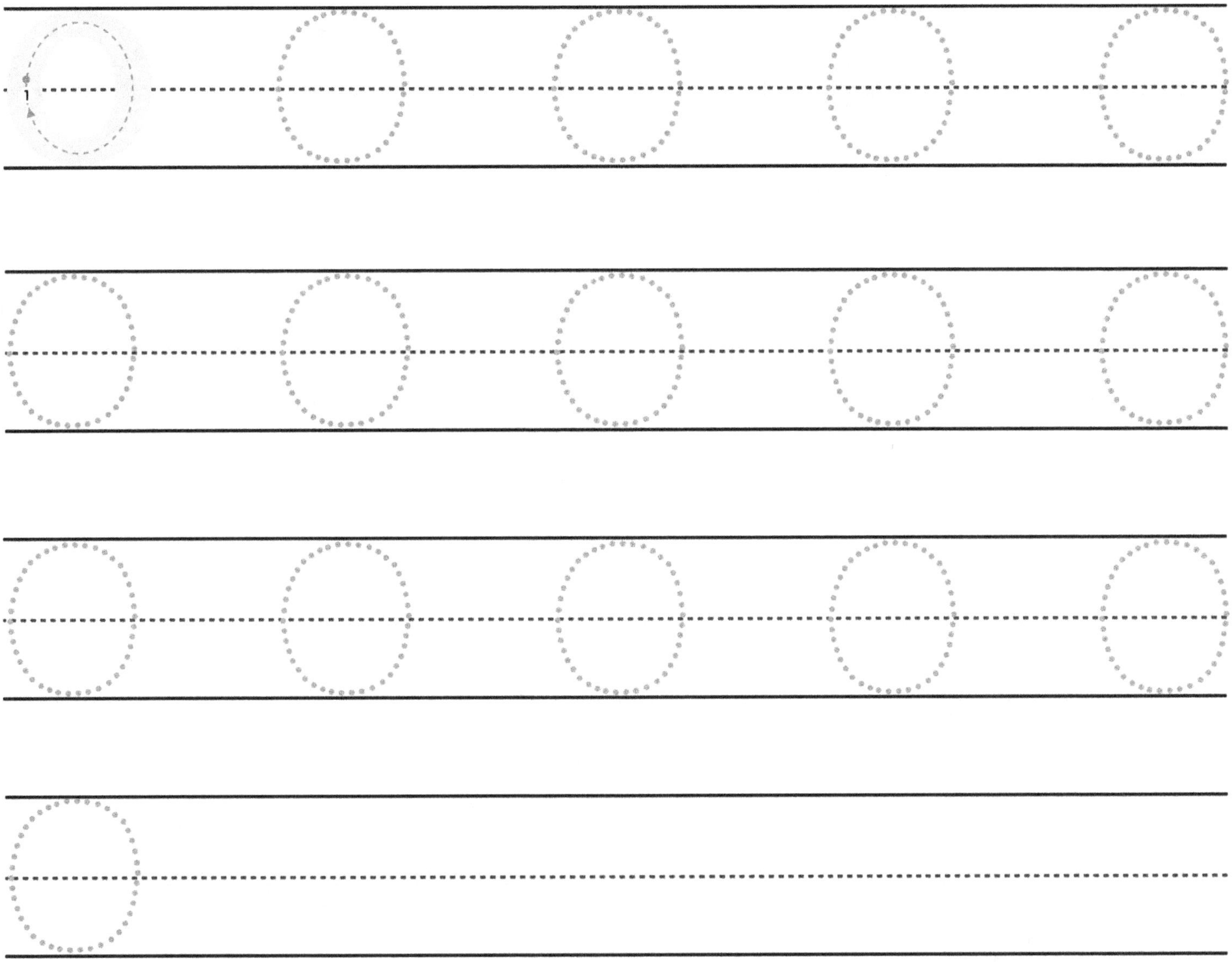
1

1 O O O O O

O O O O O

O O O O O

O

octopus

octopus

octopus

P is for

Panda

P P P P P

p p p p p

panda panda

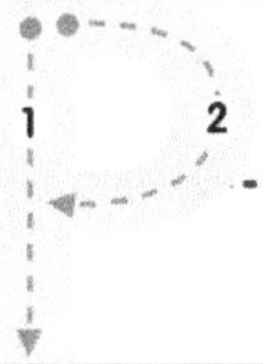

P P P P

P P P P P

P P P P P

P

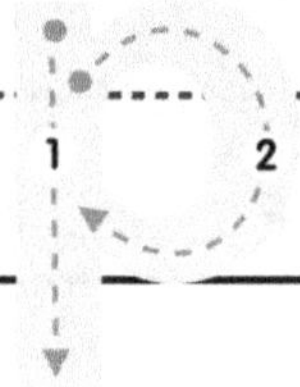

p p p p

p p p p p

p p p p p

p

pandapanda

pandapanda

pandapanda

Q is for

Quoll

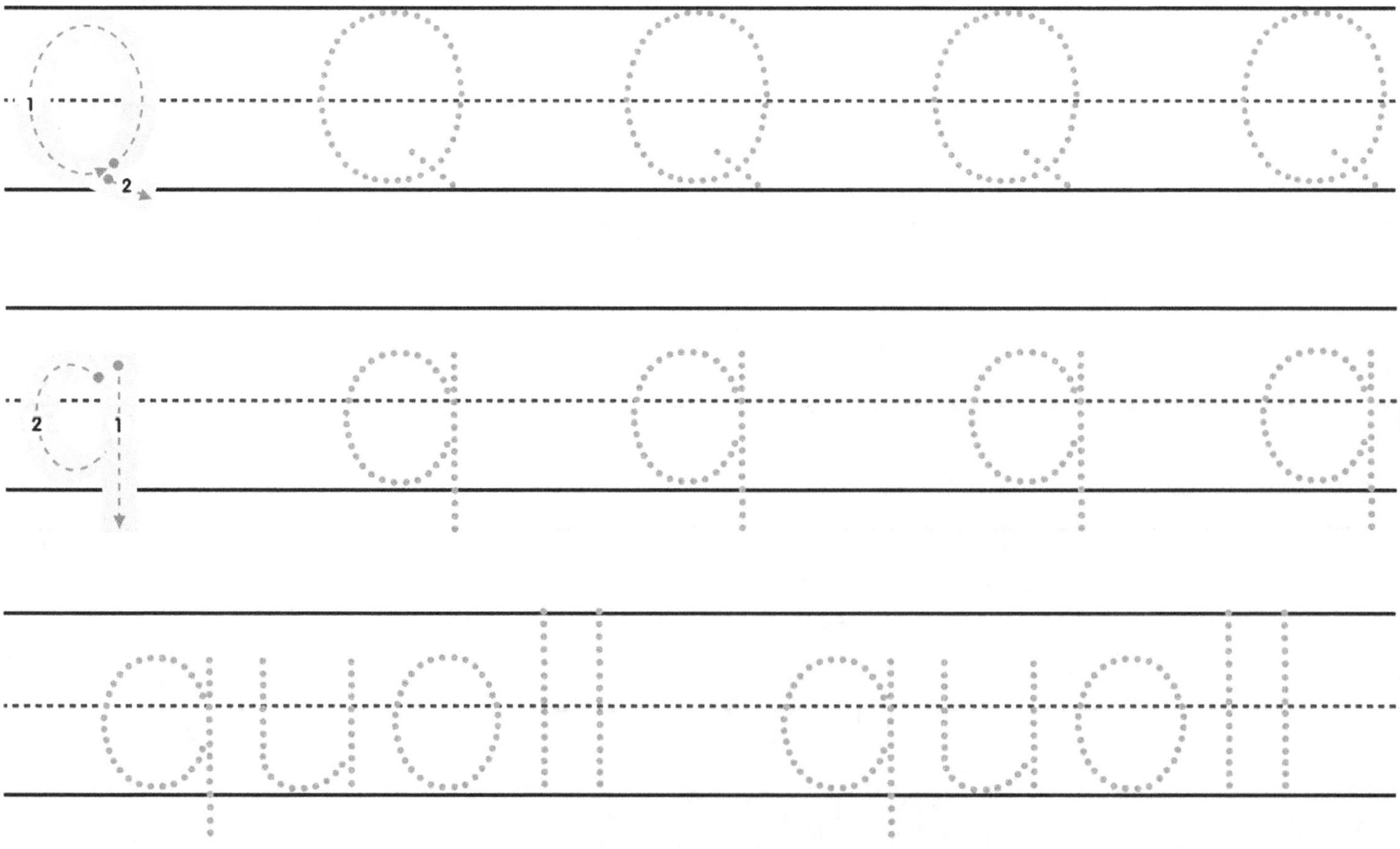

1 Q 2 Q Q Q Q

Q Q Q Q Q

Q Q Q Q Q

Q

2 q 1 q q q q

q q q q q

q q q q q

q

quoll quoll

quoll quoll

quoll quoll

R is for

Rabbit

R R R R R

r r r r r

rabbit rabbit

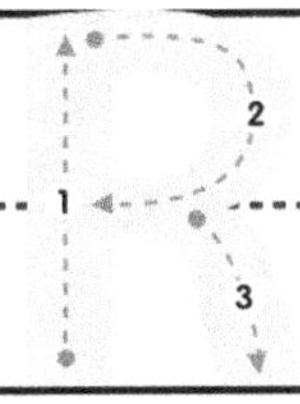

R R R R

R R R R R

R R R R R

R

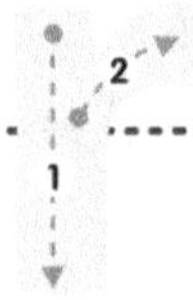

r r r r

r r r r r

r r r r r

r

rabbit rabbit

rabbit rabbit

rabbit rabbit

S is for

Sloth

S S S S S

s s s s s

sloth sloth

S 1 S S S S

S S S S S

S S S S S

S

S 1 S S S S

S S S S S

S S S S S

S

sloth sloth

sloth sloth

sloth sloth

T is for

Tapir

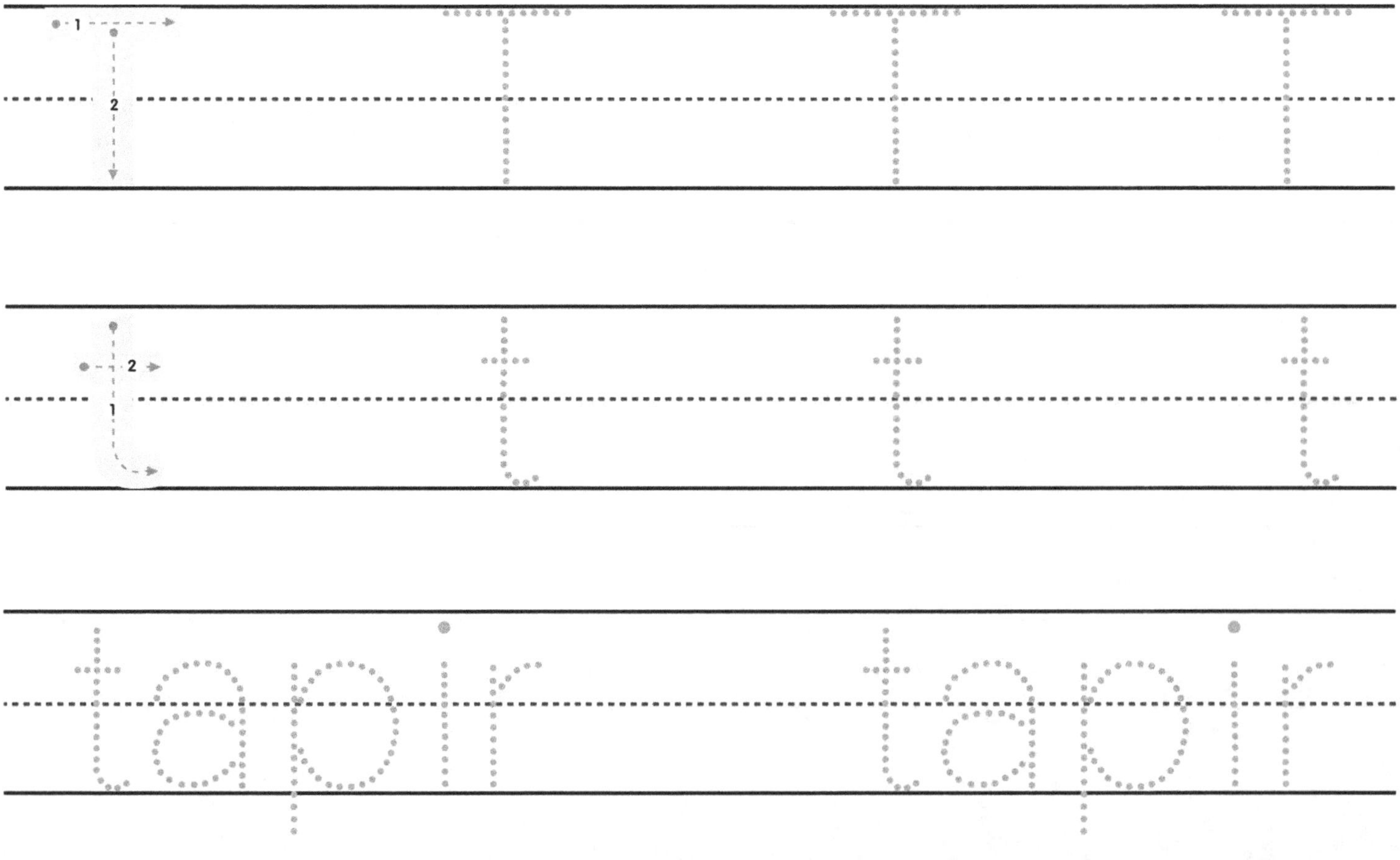

1 2

T T T T

T T T T

T T T T

T

2
1
t t t t

t t t t

t t t t

t

tapir tapir

tapir tapir

tapir tapir

U is for

Uguisu

U U U U U

u u u u u

uguisu

1

U U U U U

U U U U U

U U U U U

U

1 u 2 u u u u

u u u u u

u u u u u

u

uguisu

uguisu

uguisu

V is for

Vervet monkey

V V V V V

v v v v v

vervet mokey

V 1 2 V V V V

V V V V V

V V V V V

V

1 2

v v v v v

v v v v v

v v v v v

v

vervet mokey

vervet mokey

vervet mokey

W is for

Worm

W W W W

w w w w

worm worm

W 1 2 3 4 W W W

W W W W

W W W W

W

w 1 2 3 4 w w w

w w w w

w w w w

w

worm worm

worm worm

worm worm

X is for

Xerus

X X X X X

1 2

x x x x x

1 2

xerus xerus

1 2

X X X X X

X X X X X

X X X X X

X

1 2

X X X X X

X X X X X

X X X X X

X

xerus xerus

xerus xerus

xerus xerus

Y is for

Yellow baboon

Y Y Y Y Y

y y y y y

yellow baboon

Y Y Y Y Y

Y Y Y Y Y

Y Y Y Y Y

Y

y 1 2

y y y y

y y y y y

y y y y y

y

yellow baboon

yellow baboon

yellow baboon

Z is for

Zebu

Z Z Z Z Z

z z z z z

zebu zebu

1 2 3 Z Z Z Z

Z Z Z Z Z

Z Z Z Z Z

Z

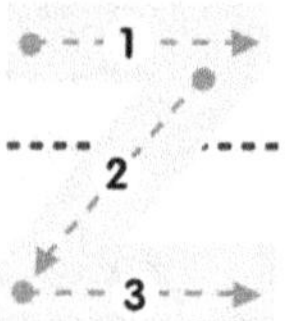

z z z z

z z z z z

z z z z z

z

zebu zebu

zebu zebu

zebu zebu

www.ingramcontent.com/pod-product-compliance
Lightning Source LLC
Chambersburg PA
CBHW081952260726
48657CB00009BA/2667
* 9 7 8 1 6 9 6 8 2 0 5 5 4 *